Crèmes brûlées

Crèmes brûlées

Camille Murano

Photographies Jean Bono

Stylisme Géraldine Sauvage

SOLAR ÉDITIONS

Si vous souhaitez recevoir notre catalogue et être tenu au courant
de nos publications, envoyez-nous vos nom et adresse,
en citant ce livre et en précisant les domaines qui vous intéressent.

Éditions SOLAR
12, avenue d'Italie
75013 Paris

www.solar.fr

Responsables éditoriales : Véronique Chanson
et Corinne Cesano
Édition : Delphine Depras et Aurélie Aminian
Mise en pages : Chantal Guézet, Encre Blanche
Photo de couverture : Jean Bono et Emmanuel Renault
Photogravure : Point 4

ISBN : 978-2-263-04549-3
Code éditeur : S04549/04
Dépôt légal : janvier 2008
Imprimé en France par Pollina, 85400 Luçon - n° L55383
Suite de la deuxième édition

Sommaire

Introduction

Vedette de nos tables, la crème brûlée est un dessert d'origine catalane parfumé à la vanille et servi dans des ramequins très plats en terre cuite. Pour certains, seule cette recette traditionnelle a du bon, pour d'autres, de plus en plus nombreux, la recherche de saveurs inédites s'impose pour renouveler le genre. Voici donc des idées sucrées et salées, raffinées et insolites à partager à deux, entre copains ou en famille pour décliner ce grand classique et surprendre vos invités.

C'est facile

Choisissez des ingrédients simples mais frais : du lait entier, des œufs et de la crème liquide entière. Le lait et la crème allégés ne supportent pas la cuisson prolongée au four. Oubliez également la crème fraîche épaisse, qui se liquéfie en cuisant. Pour les personnes allergiques aux produits laitiers, de délicieuses recettes adaptées leur sont proposées.

Le sucre cristallisé de couleur utilisé dans certaines recettes se trouve au rayon sucre des grandes surfaces, dans les épiceries fines ou dans les magasins de thé, mais vous pouvez aussi utiliser du sucre cristallisé blanc.

Quelques astuces

– Filtrez la préparation au chinois pour obtenir une crème plus homogène puis versez-la dans les ramequins.

– Une crème brûlée se coule généralement sur 2 cm d'épaisseur dans des ramequins plats d'environ 10 cm de diamètre. Si vous ajoutez des fruits ou des légumes, augmentez le niveau de crème afin de les recouvrir.

– Faites cuire à feu doux pour garder la crème onctueuse. Si vous avez un four à chaleur tournante, préchauffez-le à 90 °C. Avec un four traditionnel, pensez à placer les crèmes dans un bain-marie frémissant, jamais bouillant.

– Quand elles sortent du four, les crèmes doivent être prises mais encore tremblantes. Laissez refroidir à température ambiante puis au réfrigérateur, pendant au moins 2 heures. Elles peuvent être également préparées la veille, gardées au frais et brûlées avant d'être servies. Utilisez un fer à caraméliser pour brûler la crème ou, mieux, un petit chalumeau de pâtissier nommé torche à crème brûlée, vendu dans les grands magasins ou boutiques spécialisées.

En effet, le grill du four risque de réchauffer et liquéfier la crème en même temps (ou même avant) qu'il ne la caramélise.

Pour la présentation

Disposez la crème dans des ramequins individuels plats ou légèrement creux de diamètres différents, de forme carrée ou rectangulaire, de matériaux et de couleurs divers pour varier les présentations autant que les recettes. Et pourquoi pas des verrines ou des petits verres à thé pour les crèmes qui ne passent pas au four ? Tout est permis pour mettre en appétit ceux que vous aimez !

En tête-à-tête

POUR 2 RAMEQUINS PLATS

- **1 chèvre très sec**
- **10 cl de lait de chèvre**
- **2 brins de romarin frais**
- **3 jaunes d'œufs**
- **5 cl de crème liquide**
- **2 cuill. à café de sucre en poudre**
- **Sel, poivre du moulin**

Crème brûlée au chèvre et au romarin

À savourer à l'heure de l'apéritif dans des mini-ramequins ou en fin de repas, en guise de dessert.

1 Versez le lait et la crème dans une casserole et portez à frémissement. Ajoutez le romarin et laissez infuser hors du feu pendant 15 minutes.

2 Préchauffez le four à 90 °C (th. 3).

3 Fouettez les jaunes d'œufs en y ajoutant une pincée de sel et un tour de poivre du moulin.

4 Ôtez les brins de romarin du lait. Versez celui-ci sur les œufs et mélangez.

5 Filtrez la préparation au chinois et répartissez-la dans 2 ramequins plats. Placez les ramequins sur une grille et enfournez pendant 25 minutes.

6 Laissez refroidir et gardez au frais pendant au moins 2 heures.

7 Saupoudrez les crèmes de sucre et caramélisez-les quelques secondes à la torche à crème brûlée. Décorez de brisures de chèvre râpé. Gardez au frais jusqu'au moment de servir.

Crème brûlée aux saint-jacques et au safran

POUR 2 VERRINES

4 noix de saint-jacques

4 brins de coriandre fraîche

1/2 cuill. à café d'ail haché

3 jaunes d'œufs

10 cl de lait entier

10 cl de crème liquide

1/2 cuill. à café de Maïzena

1 cuill. à soupe d'huile d'olive

1 pincée de safran

2 cuill. à café de sucre en poudre

Sel, poivre blanc du moulin

Cette crème se déguste aussi bien chaude que froide, en entrée ou en plat léger accompagné d'un riz blanc à la coriandre fraîche. Vous pouvez remplacer les saint-jacques par des crevettes roses cuites et le safran par du curry.

1 Lavez et séchez les noix de saint-jacques. Coupez-les en petits dés.

2 Mettez une poêle à chauffer avec une cuillerée à soupe d'huile. Faites-y revenir à feu doux les dés de saint-jacques avec l'ail, salez et poivrez.

3 Fouettez les jaunes d'œufs avec le safran, une pincée de sel et un tour de poivre blanc au moulin. Ajoutez le lait puis la Maïzena délayée dans la crème et mélangez.

4 Versez la préparation dans une casserole et faites-la épaissir à feu doux pendant 10 minutes sans cesser de remuer. Retirez du feu et incorporez les dés de saint-jacques à l'ail.

5 Répartissez la préparation dans 2 verrines. Saupoudrez les crèmes de sucre et caramélisez-les quelques secondes à la torche à crème brûlée. Décorez d'un brin de coriandre et servez chaud.

Crème brûlée au foie gras et au poivre vert

Voici un étonnant mariage, idéal pour un dîner raffiné en amoureux.

POUR 2 RAMEQUINS PLATS

100 g de foie gras de canard cuit

2 jaunes d'œufs

20 cl de crème liquide

2 cuill. à soupe de cassonade

Fleur de sel, poivre vert du moulin

1 Préchauffez le four à 90 °C (th. 3).

2 Mélangez la cassonade avec 2 pincées de fleur de sel et 2 tours de poivre vert au moulin. Réservez pour la décoration finale.

3 Mixez le foie gras coupé en morceaux avec la crème.

4 Fouettez les jaunes d'œufs.

5 Versez les œufs sur la crème au foie gras. Ajoutez une pincée de fleur de sel et quelques tours de poivre vert au moulin, puis mixez.

6 Filtrez la préparation au chinois et répartissez-la dans 2 ramequins plats de 10 cm de diamètre, sur 2 cm d'épaisseur. Placez les ramequins sur une grille et enfournez pendant 30 minutes.

7 Laissez refroidir et gardez au frais pendant au moins 2 heures.

8 Au moment de servir, saupoudrez les crèmes du mélange de cassonade et caramélisez-les quelques secondes à la torche à crème brûlée.

Crème brûlée aux endives et au parmesan

Une vraie gourmandise, à essayer en accompagnement d'une escalope de veau poêlée.

POUR 2 RAMEQUINS CREUX

2 endives

30 g de parmesan râpé

2 œufs entiers

2 jaunes d'œufs

40 cl de lait

4 cuill. à café de sucre en poudre

Sel, poivre du moulin

1 Lavez et coupez les endives en morceaux.

2 Faites cuire les endives dans le lait, à feu doux pendant 20 minutes. Ajoutez le parmesan et un tour de poivre au moulin et mixez finement.

3 Préchauffez le four à 90 ° C (th. 3)

4 Fouettez les œufs entiers avec les jaunes et une pincée de sel.

5 Versez la préparation aux endives sur les œufs et mélangez.

6 Filtrez la préparation au chinois. Répartissez-la dans 2 ramequins creux de 10 x 5 cm, sur 4 cm d'épaisseur. Placez les ramequins sur une grille et enfournez pendant 40 minutes. Laissez tiédir.

7 Saupoudrez les crèmes de sucre et caramélisez-les quelques secondes à la torche à crème brûlée. Servez chaud.

Crème brûlée au monbazillac

Servez ce dessert raffiné avec une boule de glace vanille et des groseilles ou des framboises.

POUR 2 RAMEQUINS PLATS

20 cl de monbazillac

3 jaunes d'œufs

2 cuill. à café de sucre roux

1 Préchauffez le four à 90 °C (th. 3).

2 Fouettez les jaunes d'œufs et le monbazillac.

3 Répartissez la préparation dans 2 ramequins plats de 12 cm de diamètre, sur 2 cm d'épaisseur. Placez les ramequins sur une grille et enfournez pendant 20 minutes.

4 Laissez refroidir et gardez au frais pendant au moins 2 heures.

5 Saupoudrez les crèmes de sucre roux et caramélisez-les quelques secondes à la torche à crème brûlée. Gardez au frais jusqu'au moment de servir.

Crème brûlée à la grenade et au lait de coco

POUR 2 RAMEQUINS PLATS

1 grenade

10 cl de lait de coco sucré

3 œufs entiers

3 jaunes d'œufs

5 cl de crème liquide

20 g de noix de coco râpée

1 pincée de gingembre

2 cuill. à café de sucre cristallisé

Parfaite pour terminer un menu exotique sur une note sucrée, les plus gourmands pourront la décorer de miettes de rocher à la noix de coco.

1 Ouvrez la grenade, ôtez les graines et répartissez-les dans 2 ramequins plats de 10 cm de diamètre.

2 Versez le lait de coco et la crème dans une casserole et faites frémir. Ajoutez le gingembre, mélangez et laissez refroidir.

3 Préchauffer le four à 90 °C (th. 3).

4 Fouettez les œufs entiers avec les jaunes.

5 Versez la crème au lait de coco sur les œufs et mélangez.

6 Filtrez la préparation au chinois, répartissez-la sur les graines de grenade et saupoudrez de noix de coco râpée. Placez les ramequins sur une grille et enfournez pendant 25 minutes.

7 Laissez refroidir et gardez au frais pendant au moins 2 heures.

8 Au moment de servir, saupoudrez les crèmes de sucre cristallisé et caramélisez-les quelques secondes à la torche à crème brûlée.

Crème brûlée au chocolat et au piment

POUR 2 RAMEQUINS CREUX

70 g de chocolat noir à 70% de cacao

1 cuill. à café de cacao

1 pincée de piment d'Espelette en poudre

3 jaunes d'œufs

20 cl de crème liquide

8 cuill. à café de sucre en poudre

Tellement bonne qu'il faut prévoir des ramequins plus profonds que les traditionnels.

1 Préchauffez le four à 90 °C (th. 3).

2 Mélangez le cacao, le piment et 2 cuillerées à café de sucre. Réservez pour la décoration finale.

3 Versez la crème dans une casserole et portez à frémissement. Ajoutez le chocolat coupé en morceaux et lissez soigneusement à la spatule.

4 Fouettez les jaunes d'œufs et 6 cuillerées à café de sucre.

5 Versez la crème au chocolat sur les œufs et mélangez.

6 Répartissez la préparation dans 2 ramequins creux de 12 x 12 cm, sur 3 cm d'épaisseur. Placez les ramequins sur une grille et enfournez pendant 30 minutes.

7 Laissez refroidir et gardez au frais pendant au moins 2 heures.

8 Au moment de servir, saupoudrez les crèmes du mélange au cacao et caramélisez-les quelques secondes à la torche à crème brûlée.

Crème brûlée au thé vert matcha

À offrir à l'heure du thé accompagné de mini-madeleines ou de fruits rouges. Vous pouvez remplacer le thé vert par le thé de votre choix.

POUR 2 RAMEQUINS PLATS

3 cuill. à café de thé vert matcha

3 jaunes d'œufs

10 cl de lait

15 cl de crème liquide

4 cuill. à café de sucre en poudre

1 Préchauffez le four à 90 °C (th. 3).

2 Mélangez une cuillerée à café de thé vert et deux cuillerées à café de sucre. Réservez pour la décoration finale.

3 Versez le lait et la crème dans une casserole et portez à frémissement. Retirez du feu, délayez deux cuillerées à café de thé vert et laissez tiédir.

4 Fouettez les jaunes d'œufs avec deux cuillerées à café de sucre.

5 Versez la crème au thé sur les œufs et mélangez.

6 Filtrez la préparation au chinois et répartissez-la dans 2 ramequins plats de 12 cm de diamètre, sur 2 cm d'épaisseur. Placez les ramequins sur une grille et enfournez pendant 25 minutes.

7 Laissez refroidir et gardez au frais pendant au moins 2 heures.

8 Saupoudrez les crèmes du mélange sucre-thé et caramélisez-les quelques secondes à la torche à crème brûlée. Gardez au frais jusqu'au moment de servir.

Crème brûlée à la mandarine et à la ricotta

POUR 2 VERRINES

2 mandarines

100 g de ricotta

1 cuill. à soupe de liqueur de mandarine

1 blanc d'œuf

2 cuill. à café de sucre cristallisé orange

1 cuill. à soupe de sucre glace

1 cuill. à soupe de sucre en poudre

À la fois belle et bonne au cœur de l'hiver, c'est la touche sucrée des brunchs du dimanche. Des oranges sanguines peuvent remplacer les mandarines.

1 Épluchez les mandarines et séparez-les en quartiers.

2 Faites fondre le sucre en poudre dans une poêle à revêtement antiadhésif et roulez-y les quartiers de mandarines quelques secondes, ils doivent être brillants.

3 Mélangez la ricotta, la liqueur de mandarine et le sucre glace.

4 Fouettez le blanc en neige ferme et incorporez-le délicatement à la ricotta.

5 Répartissez les quartiers de mandarines et la préparation en couches successives dans 2 verrines.

6 Gardez au frais pendant au moins 3 heures.

7 Au moment de servir, saupoudrez les crèmes de sucre cristallisé orange et caramélisez-les quelques secondes à la torche à crème brûlée.

Crème brûlée miel, citron, pignons

À servir très froide avec le caramel bien croquant ; tous les fruits rouges l'accompagneront avec bonheur.

POUR 2 RAMEQUINS CREUX

le zeste et le jus de 1 citron

1 cuill. à soupe de miel de citronnier

20 g de pignons de pin

1 œuf entier

2 jaunes d'œufs

20 cl de lait entier

2 cuill. à café de cassonade

1 Préchauffez le four à 90 °C (th. 3).

2 Faites griller les pignons de pin à sec dans une poêle à revêtement antiadhésif et répartissez-les dans 2 ramequins creux de 9 cm diamètre.

3 Versez une cuillerée à café de zeste de citron, le lait et le miel dans une casserole et portez à frémissement. Laissez tiédir.

4 Fouettez l'œuf et les jaunes d'œufs avec une cuillerée à soupe de jus de citron. Versez le lait au miel sur les œufs et mélangez.

5 Filtrez la préparation au chinois et répartissez-la sur les pignons, sur 4 cm d'épaisseur. Placez les ramequins sur une grille et enfournez pendant 35 minutes.

6 Laissez refroidir et gardez au frais pendant au moins 2 heures.

7 Saupoudrez les crèmes de cassonade et caramélisez-les quelques secondes à la torche à crème brûlée. Gardez au frais jusqu'au moment de servir.

Entre copains

Crème brûlée au potimarron et aux noisettes

Imitez les grandes tables en disposant sur des assiettes carrées un morceau de volaille rôti, un buisson de mesclun et un ramequin de crème brûlée.

POUR 4 RAMEQUINS PLATS

300 g de potimarron

30 g de noisettes

2 œufs entiers

2 jaunes d'œufs

30 cl de lait

1/2 cuill. à café de noix muscade

4 cuill. à café de cassonade

Sel, poivre du moulin

1 Concassez grossièrement les noisettes et faites-les griller à sec dans une poêle à revêtement antiadhésif. Répartissez-les dans 4 ramequins plats de 12 cm de diamètre.

2 Épluchez le potimarron, ôtez les pépins et coupez la chair en gros morceaux.

3 Faites cuire le potimarron dans le lait pendant 15 minutes. Ajoutez la noix muscade, une pincée de sel et un tour de moulin à poivre.

4 Préchauffez le four à 90 °C (th. 3).

5 Mixez et filtrez la préparation au chinois.

6 Fouettez les œufs entiers avec les jaunes puis versez-les sur le lait au potiron et mélangez.

7 Répartissez la préparation sur les noisettes, sur 4 cm d'épaisseur. Placez les ramequins sur une grille et enfournez pendant 45 minutes.

8 En fin de cuisson, saupoudrez les crèmes de cassonade et caramélisez-les quelques secondes à la torche à crème brûlée. Servez chaud.

Crème brûlée au saumon fumé et aux graines de pavot

POUR 4 RAMEQUINS PLATS

100 g de saumon fumé

4 jaunes d'œufs

10 cl de lait entier

15 cl de crème liquide

1 cuill. à café de graines de pavot

4 cuill. à café de sucre cristallisé

Sel, poivre du moulin

Sur la table du brunch dominical, chacun la dégustera en entrée ou en dessert, selon sa fantaisie.

1 Préchauffez le four à 90 °C (th. 3).

2 Mixez finement le saumon fumé et la crème. Ajoutez le lait et mélangez.

3 Fouettez les jaunes d'œufs, une pincée de sel et deux tours de poivre du moulin. Versez les œufs sur la crème au saumon, ajoutez les graines de pavot et mélangez.

4 Répartissez la préparation dans 4 ramequins plats de 10 cm de diamètre, sur 2 cm d'épaisseur. Placez les ramequins sur une grille et enfournez pendant 30 minutes.

5 Laissez refroidir puis gardez au frais pendant au moins 2 heures.

6 Au moment de servir, saupoudrez les crèmes de sucre cristallisé et caramélisez-les quelques secondes à la torche à crème brûlée.

Crème brûlée aux petits pois et au curry

POUR 4 RAMEQUINS PLATS

200 g de petits pois surgelés

4 jaunes d'œufs

10 cl de lait

15 cl de crème liquide

1/2 cuill. à café de curry en poudre

4 cuill. à café de cassonade

Sel, poivre du moulin

Épousant parfaitement les saveurs de la cuisine indienne, cette crème sucrée-salée sera délicieuse avec un curry.

1 Préchauffez le four à 90 °C (th. 3).

2 Plongez les petits pois surgelés quelques minutes dans une casserole d'eau bouillante et égouttez-les bien. Mixez-les avec le lait, la crème, le curry, une pincée de sel et un tour de poivre du moulin. Filtrez la préparation au chinois.

3 Fouettez les jaunes d'œufs.

4 Versez la crème aux petits pois sur les œufs et mélangez.

5 Répartissez la préparation dans 4 ramequins plats de 12 cm de diamètre, sur 2 cm d'épaisseur. Placez les ramequins sur une grille et enfournez pendant 35 minutes.

6 Laissez refroidir puis gardez au frais pendant au moins 2 heures.

7 Au moment de servir, saupoudrez les crèmes de cassonade et caramélisez-les quelques secondes à la torche à crème brûlée.

Crème brûlée au boudin noir et aux noix

Une nouvelle façon de déguster le boudin noir. Servez cette crème accompagnée de pain grillé et d'une salade verte à l'huile de noix.

POUR 4 RAMEQUINS CREUX

300 g de boudin noir

2 jaunes d'œufs

25 cl de crème liquide

30 g de cerneaux de noix

40 g de cassonade

Sel, poivre du moulin

1 Placez un grand plat rempli d'eau au tiers dans le four et préchauffez à 90 °C (th. 3).

2 Faites fondre 20 g de cassonade dans une poêle à revêtement antiadhésif. Roulez les noix grossièrement concassées dans le sucre fondu jusqu'à ce qu'elles caramélisent légèrement. Réservez pour la décoration finale.

3 Débarrassez le boudin noir de sa peau. Mixez la chair du boudin avec la crème. Fouettez les jaunes d'œufs salés et poivrés.

4 Versez les œufs sur la crème au boudin et mélangez.

5 Répartissez la préparation dans 4 ramequins creux de 9 cm de diamètre, sur 4 cm d'épaisseur. Déposez les ramequins dans le plat d'eau chaude et enfournez pendant 40 minutes.

6 Laissez refroidir puis gardez au frais pendant au moins 2 heures.

7 Au moment de servir, saupoudrez les crèmes des noix concassées et du reste de cassonade. Caramélisez-les quelques secondes à la torche à crème brûlée.

Crème brûlée à la tomate confite et à l'anisette

Idéale pour un déjeuner estival.
À servir très fraîche en entrée ou en dessert.

POUR 4 RAMEQUINS PLATS

100 g de tomates confites

5 cl d'anisette

3 œufs entiers

2 jaunes d'œufs

20 cl d'eau froide

4 cuill. à café de sucre en poudre

Sel, poivre blanc du moulin

1 Préchauffez le four à 90 °C (th. 3).

2 Coupez les tomates confites en petits dés et répartissez-les dans 4 ramequins plats de 10 x 4 cm.

3 Fouettez les œufs entiers avec les jaunes, une pincée de sel et deux tours de poivre blanc du moulin.

4 Diluez l'anisette dans l'eau. Versez-la sur les œufs et mélangez.

5 Filtrez la préparation au chinois et répartissez-la sur les tomates confites, sur 2 cm d'épaisseur. Placez les ramequins sur une grille et enfournez pendant 30 minutes.

6 Laissez refroidir.

7 Saupoudrez les crèmes de sucre et caramélisez-les quelques secondes à la torche à crème brûlée. Gardez au frais jusqu'au moment de servir.

Crème brûlée aux meringues et à la crème anglaise

POUR 4 VERRINES

50 cl de crème anglaise en brique

8 petites meringues

1 cuill. à soupe de Maïzena

4 cuill. à café de sucre cristallisé rouge

Délicieuse et rapide à préparer, cette crème brûlée peut aussi être parfumée au caramel ou au café.

1 Fouettez la crème anglaise et la Maïzena dans une casserole et portez à ébullition. Laissez frémir pendant 5 minutes tout en remuant à la cuillère en bois, la crème doit épaissir nettement. Laissez tiédir.

2 Cassez les petites meringues en deux.

3 Répartissez les morceaux de meringues et la crème en couches successives dans 4 verrines.

4 Gardez au frais pendant au moins 2 heures.

5 Au moment de servir, saupoudrez les crèmes de sucre cristallisé rouge et caramélisez-les quelques secondes à la torche à crème brûlée.

Crème brûlée aux pelures de truffes

Un apéritif chic, à servir avec une flûte de champagne.

POUR 8 MINIS RAMEQUINS PLATS

25 g de pelures de truffes en boîte

4 jaunes d'œufs

20 cl de crème liquide

4 cuill. à café de sucre en poudre

Sel, poivre du moulin

1 Préchauffez le four à 90 °C (th. 3).

2 Versez la crème dans une casserole et portez à frémissement. Ajoutez les pelures de truffes et leur jus, puis mélangez. Laissez tiédir.

3 Fouettez les jaunes d'œufs, une pincée de sel et deux tours de poivre du moulin. Versez la crème truffée sur les œufs et mélangez.

4 Répartissez la préparation dans 8 mini-ramequins plats de 6 cm de diamètre, sur 2 cm d'épaisseur. Placez les ramequins sur une grille et enfournez pendant 30 minutes.

5 Laissez refroidir puis gardez au frais pendant au moins 2 heures.

6 Saupoudrez les crèmes de sucre et caramélisez-les quelques secondes à la torche à crème brûlée. Gardez au frais jusqu'au moment de servir.

Crème brûlée au rhum et aux raisins secs

POUR 4 VERRINES

5 cl de rhum ambré

50 g de raisins secs blonds

6 jaunes d'œufs

15 cl de crème liquide

15 cl d'eau froide

4 cuill. à café de cassonade

100 g de sucre en poudre

À servir au goûter d'un dimanche d'hiver, pour rêver d'îles et de soleil. Vous pouvez l'accompagner d'ananas frais.

1 Faites macérer les raisins secs dans le rhum tièdi pendant 30 minutes.

2 Fouettez les jaunes d'œufs avec le sucre jusqu'à ce que le mélange blanchisse. Ajoutez le rhum, sans les raisins secs, puis l'eau froide. Mélangez et versez dans une casserole à fond épais.

3 Faites cuire à feu doux pendant 5 minutes tout en continuant à fouetter, le mélange doit être mousseux. Retirez du feu, ajoutez les raisins secs et laissez refroidir.

4 Fouettez la crème et incorporez-la délicatement au mélange.

5 Répartissez la préparation dans 4 verrines et gardez au frais pendant au moins 2 heures.

6 Au moment de servir, saupoudrez les crèmes de cassonade et caramélisez-les quelques secondes à la torche à crème brûlée.

Crème brûlée aux amandes et au lait de soja

POUR 4 RAMEQUINS PLATS

20 cl de lait de soja amande (disponible dans les magasins diététiques)

30 g d'amandes effilées

2 œufs entiers

2 jaunes d'œufs

120 g de sucre en poudre

Voici un dessert idéal pour les personnes allergiques au lait de vache.

1 Préchauffez le four à 90 °C (th. 3).

2 Faites griller les amandes à sec dans une poêle à revêtement antiadhésif. Concassez-les grossièrement et répartissez-les dans 4 ramequins plats de 12 cm de diamètre.

3 Fouettez les œufs entiers avec les jaunes et 100 g de sucre. Ajoutez le lait de soja amande et mélangez.

4 Répartissez la préparation sur les amandes, sur 2 cm d'épaisseur. Placez les ramequins sur une grille et enfournez pendant 35 minutes.

5 Laissez refroidir et gardez au frais pendant au moins 2 heures.

6 Au moment de servir, saupoudrez les crèmes de sucre et caramélisez-les quelques secondes à la torche à crème brûlée.

Crème brûlée au roquefort et aux abricots secs

POUR 4 RAMEQUINS CREUX

100 g de roquefort

4 abricots secs moelleux

4 jaunes d'œufs

15 cl de lait entier

20 cl de crème liquide

4 cuill. à café de sucre en poudre

Sel, poivre du moulin

Tout en raffinement, elle accompagnera une salade de mâche pour un dîner léger mais complet.

1 Placez un grand plat rempli d'eau au tiers dans le four et préchauffez à 90 °C (th. 3).

2 Coupez les abricots secs en petits dés et répartissez-les dans 4 ramequins creux de 6 cm de diamètre.

3 Mixez finement le roquefort avec la crème. Ajoutez le lait et un tour de poivre du moulin et mélangez.

4 Fouettez les jaunes d'œufs avec une pincée de sel.

5 Versez la crème au roquefort sur les œufs et mélangez.

6 Répartissez la préparation sur les abricots secs, sur 4 cm d'épaisseur. Déposez les ramequins dans le plat d'eau chaude et enfournez pendant 40 minutes.

7 Laissez refroidir et gardez au frais pendant au moins 2 heures.

8 Au moment de servir, saupoudrez les crèmes de sucre et caramélisez-les quelques secondes à la torche à crème brûlée.

En famille

Crème brûlée au jus de poulet rôti

Ne jetez plus le jus du poulet : placez-le au réfrigérateur pour ôter le gras qui se fige en surface et confectionnez ces délicieuses crèmes.

POUR 8 MINI-RAMEQUINS PLATS

20 cl de jus de poulet rôti

4 jaunes d'œufs

10 cl de crème liquide

4 cuill. à café de sucre en poudre

1 Préchauffez le four à 90 °C (th. 3).

2 Fouettez les jaunes d'œufs. Ajoutez le jus de poulet rôti et la crème, puis mélangez.

3 Filtrez la préparation au chinois et répartissez-la dans 8 mini-ramequins plats rectangulaires ou ronds, sur 2 cm d'épaisseur. Placez les ramequins sur une grille et enfournez pendant 25 minutes.

4 Laissez refroidir puis gardez au frais pendant au moins 2 heures.

5 Au moment de servir, saupoudrez les crèmes de sucre et caramélisez-les quelques secondes à la torche à crème brûlée.

Crème brûlée aux asperges et au cheddar

POUR 4 VERRINES

30 g de cheddar

5 jaunes d'œufs

20 cl de lait entier

30 cl de crème liquide

100 g de pointes d'asperges blanches en bocal

1 cuill. à soupe de Maïzena

4 cuill. à café de sucre en poudre

Sel, poivre du moulin

Idéale pour un plateau télé avec des tomates cerises. Vous pouvez remplacer les asperges par des brocolis.

1 Râpez le cheddar et mixez les pointes d'asperges.

2 Fouettez les jaunes d'œufs. Ajoutez le cheddar, les asperges, une pincée de sel et deux tours de moulin à poivre et mélangez.

3 Diluez la Maïzena avec la crème dans une casserole. Ajoutez le lait et portez à ébullition. Incorporez la préparation aux œufs et faites cuire à feu doux sans cesser de remuer jusqu'à épaississement.

4 Répartissez la préparation dans 4 verrines. Saupoudrez les crèmes de sucre et caramélisez-les quelques secondes à la torche à crème brûlée.

Crème brûlée aux carottes et à la cardamome

POUR 4 RAMEQUINS CREUX

200 g de purée de carottes

2 œufs entiers

2 jaunes d'œufs

25 cl de lait entier

25 cl de crème liquide

1 cuill. à café de cardamome moulue

4 cuill. à café de cassonade

Sel, poivre du moulin

L'accompagnement original d'un rôti de veau en cocotte. Vous pouvez aussi emporter cette crème en pique-nique.

1 Préchauffez le four à 90 °C (th. 3).

2 Mélangez la purée de carottes et la cardamome. Ajoutez le lait, la crème, une pincée de sel et deux tours de moulin à poivre et mélangez.

3 Fouettez les œufs entiers avec les jaunes et une pincée de sel.

4 Versez les œufs sur la purée et mélangez.

5 Répartissez la préparation dans 4 ramequins creux de 9 cm de diamètre, sur 4 cm d'épaisseur. Placez les ramequins sur une grille et enfournez pendant 40 minutes.

6 Laissez refroidir et gardez au frais pendant au moins 2 heures.

7 Au moment de servir, saupoudrez les crèmes de cassonade et caramélisez-les quelques secondes à la torche à crème brûlée.

Crème brûlée au parmesan et au basilic

POUR 8 MINI-RAMEQUINS PLATS

100 g de parmesan râpé

2 cuill. à soupe de basilic surgelé

4 jaunes d'œufs

10 cl de lait entier

15 cl de crème liquide

4 cuill. à café de sucre en poudre

Sel, poivre du moulin

Décorez cet amuse-bouche d'une pointe de tapenade noire ou d'une demi-olive.

1 Placez un grand plat rempli d'eau au tiers dans le four et préchauffez à 90 °C (th. 3).

2 Versez le lait et la crème dans une casserole et portez à frémissement. Ajoutez le parmesan râpé et mélangez. Laissez tiédir.

3 Fouettez les jaunes d'œufs avec le basilic, une pincée de sel et deux tours de moulin à poivre.

4 Versez le lait au parmesan sur les œufs et mélangez.

5 Répartissez la préparation dans 8 mini-ramequins plats de 4 cm de diamètre, sur 2 cm d'épaisseur. Déposez les ramequins dans le plat d'eau chaude et enfournez pendant 20 minutes.

6 Laissez refroidir puis gardez au frais pendant au moins 2 heures.

7 Au moment de servir, saupoudrez les crèmes de sucre et caramélisez-les quelques secondes à la torche à crème brûlée.

Crème brûlée au fromage fondu

Évidemment c'est d'abord pour les petits mais les grands en raffolent !

POUR 4 RAMEQUINS CREUX

4 portions de fromage fondu

2 jaunes d'œufs

40 cl de lait entier

4 cuill. à soupe de sucre en poudre

1 Préchauffez le four à 90 °C (th. 3).

2 Faites fondre les portions de fromage avec le lait dans une casserole à feu doux sans cesser de remuer. Mixez la préparation, elle doit être lisse.

3 Fouettez les jaunes d'œufs.

4 Versez les œufs sur le mélange lait-fromage et remuez.

5 Répartissez la préparation dans 4 ramequins creux de 10 cm de diamètre, sur 5 cm d'épaisseur. Placez les ramequins sur une grille et enfournez pendant 40 minutes.

6 Laissez refroidir puis gardez au frais pendant au moins 2 heures.

7 Au moment de servir, saupoudrez les crèmes de sucre et caramélisez-les quelques secondes à la torche à crème brûlée.

Crème brûlée au café et au lait concentré

Un goût d'enfance revisité, à essayer sans hésitation.

POUR 4 RAMEQUINS PLATS

25 cl de lait concentré sucré

1 cuill. à soupe de café soluble

4 jaunes d'œufs

20 cl d'eau chaude

1 cuill. à soupe de grains de café

4 cuill. à café de sucre en poudre

1 Placez un grand plat rempli d'eau au tiers dans le four et préchauffez à 90 °C (th. 3).

2 Mélangez les grains de café concassés et le sucre. Réservez pour la décoration finale.

3 Versez l'eau chaude sur le café soluble, ajoutez le lait concentré sucré et mélangez.

4 Fouettez les jaunes d'œufs. Versez les œufs sur le lait au café et mélangez.

5 Répartissez la préparation dans 4 ramequins plats de 12 cm de diamètre, sur 2 cm d'épaisseur. Déposez les ramequins dans le plat d'eau chaude et enfournez pendant 30 minutes.

6 Laissez refroidir puis gardez au frais pendant au moins 2 heures.

7 Au moment de servir, saupoudrez les crèmes du mélange aux grains de café et caramélisez-les quelques secondes à la torche à crème brûlée.

Crème brûlée aux framboises et au mascarpone

POUR 4 VERRINES

150 g de framboises

250 g de mascarpone

2 blancs d'œufs

5 cl d'eau de rose

4 cuill. à soupe de sucre cristallisé rose

50 g de sucre glace

Une crème délicate que prépareront les enfants avec l'aide de leur papa pour faire plaisir à leur maman.

1 Mixez le mascarpone avec l'eau de rose et le sucre glace.

2 Fouettez les blancs en neige ferme et incorporez-les délicatement au mélange. Répartissez la préparation dans 4 verrines en y déposant les framboises au fur et à mesure.

3 Mettez au frais pendant au moins 2 heures.

4 Au moment de servir, saupoudrez les crèmes de sucre cristallisé rose et caramélisez-les quelques secondes à la torche à crème brûlée.

Crème brûlée à la banane et au citron vert

À déguster au petit-déjeuner pour démarrer la journée du bon pied.

POUR 4 RAMEQUINS CREUX

2 bananes

Le zeste et le jus de 2 citrons verts

1 œuf entier

3 jaunes d'œufs

15 cl de lait

35 cl de crème liquide

70 g de cassonade

1 Mélangez le zeste des citrons coupé fin avec quatre cuillerées à café de cassonade. Réservez pour la décoration finale.

2 Préchauffez le four à 90 °C (th. 3).

3 Épluchez et coupez les bananes en morceaux.

4 Mixez finement les bananes avec le jus des citrons et la crème. Ajoutez le lait et mélangez.

5 Fouettez l'œuf entier avec les jaunes et 50 g de cassonade.

6 Versez les œufs sur le lait à la banane et mélangez.

7 Répartissez la préparation dans 4 ramequins creux de 8 cm de diamètre, sur 5 cm d'épaisseur. Placez les ramequins sur une grille et enfournez pendant 40 minutes.

8 Laissez refroidir puis gardez au frais pendant au moins 2 heures.

9 Au moment de servir, saupoudrez les crèmes du mélange zeste-cassonade, et caramélisez-les quelques secondes à la torche à crème brûlée.

Crème brûlée aux fraises Tagada®

POUR 4 RAMEQUINS CREUX

150 g de fraises Tagada®

3 œufs entiers

1 jaune d'œuf

35 cl de lait entier

4 cuill. à soupe de sucre cristallisé rouge

Pour le goûter des enfants, mais aussi en souvenir des cours de récré pour les plus grands.

1 Préchauffez le four à 90 °C (th. 3).

2 Faites fondre les fraises Tagada® (réservez-en quatre pour la décoration) avec le lait, dans une casserole à feu doux sans cesser de remuer.

3 Fouettez les œufs entiers et le jaune. Versez-les dans la casserole et mélangez.

4 Répartissez la préparation dans 4 ramequins creux de 9 cm de diamètre, sur 5 cm d'épaisseur. Placez les ramequins sur une grille et enfournez pendant 40 minutes.

5 Laissez refroidir puis gardez au frais pendant au moins 2 heures.

6 Au moment de servir, saupoudrez les crèmes de sucre cristallisé rouge et caramélisez-les quelques secondes à la torche à crème brûlée.

7 Placez une fraise Tagada® au centre de chaque ramequin et servez aussitôt.

Crème brûlée au chocolat et aux cacahuètes

POUR 4 RAMEQUINS CREUX

5 cuill. à soupe de cacao amer en poudre

40 g de cacahuètes non salées

5 jaunes d'œufs

15 cl de lait entier

25 cl de crème liquide

90 g de sucre en poudre

Un dessert de gourmands que vous pourrez faire varier en remplaçant les cacahuètes par des noix de pécan ou des noisettes. Dosez le cacao selon votre goût.

1 Préchauffez le four à 90 °C (th. 3).

2 Mélangez les cacahuètes grossièrement concassées, une cuillerée à soupe de cacao en poudre et quatre cuillerées à café de sucre. Réservez pour la décoration finale.

3 Versez la crème dans une casserole et portez à frémissement.

4 Diluez quatre cuillerées à soupe de cacao en poudre dans le lait froid. Ajoutez la crème chaude et mélangez avec un fouet.

5 Fouettez les jaunes d'œufs avec 70 g de sucre.

6 Versez les œufs sur le lait au cacao et mélangez.

6 Répartissez la préparation dans 4 ramequins creux de 10 x 10 cm, sur 4 cm d'épaisseur. Placez les ramequins sur une grille et enfournez pendant 40 minutes.

7 Laissez refroidir puis gardez au frais pendant au moins 2 heures.

8 Au moment de servir, saupoudrez les crèmes du mélange aux cacahuètes et caramélisez-les quelques secondes à la torche à crème brûlée.

Index

Antipasti
Gratins
Crumbles
Wok
Oeufs cocotte
Sushis
Dans la collection
NOUVELLES
VARIATIONS GOURMANDES
Flans
sucrés & salés
Yaourts
Verrines
express
Lasagnes
Cakes
Hamburgers
Madeleines
Crêpes
Gaspachos
Moelleux
sucrés & salés
Cuillères
apéritives
Financiers
Tajines
Smoothies
Espumas
& petites mousses
Panna cotta
SOLAR
EDITIONS